PRIMEROS NÚMEROS

Jo Litchfield y Felicity Brooks

Fotografías: Howard Allman

Asesora de matemáticas: Frances Mosley

Directora de diseño: Mary Cartwright

Traducción: Ana Cristina Llompart Lucas
Redacción en español: Pilar Dunster y Anna Sánchez

Nuestro agradecimiento a Staedtler por facilitar el material Fimo®
para la realización de los modelos.

Consejos para padres y profesores

A los niños les gusta contar incluso antes de haber aprendido a leer, y a menudo son capaces de reconocer algunos números. Este libro ha sido creado especialmente para ayudarles a desarrollar de una forma amena su capacidad para la aritmética, tanto si ya saben leer como si no han aprendido todavía. Es aconsejable comentar las ilustraciones con el niño, ayudarle a contar los personajes y objetos que aparecen en ellas, a leer el texto y a resolver las pequeñas "tareas" que propone. Siempre es bueno animar a los niños a contar, sumar, restar y completar secuencias numéricas en las situaciones cotidianas que se presten a ello, tanto en casa como en el colegio.

Cada doble página cubre un tema completo, por lo que no es necesario seguir un orden determinado, aunque las tareas más sencillas figuran al principio del libro. Al final se explican los signos matemáticos utilizados y se incluye un glosario que facilitará la comprensión de las palabras nuevas por parte de los niños.

Aquí tienes algunos de los personajes que aparecen en el libro:

Celia   Andrea   Sergio   Borja   Nuria   Amina y su papá

Índice

Carmen y los gemelos   Iván   Marta   Curro   Daniel   Bepo

Contemos hasta 10

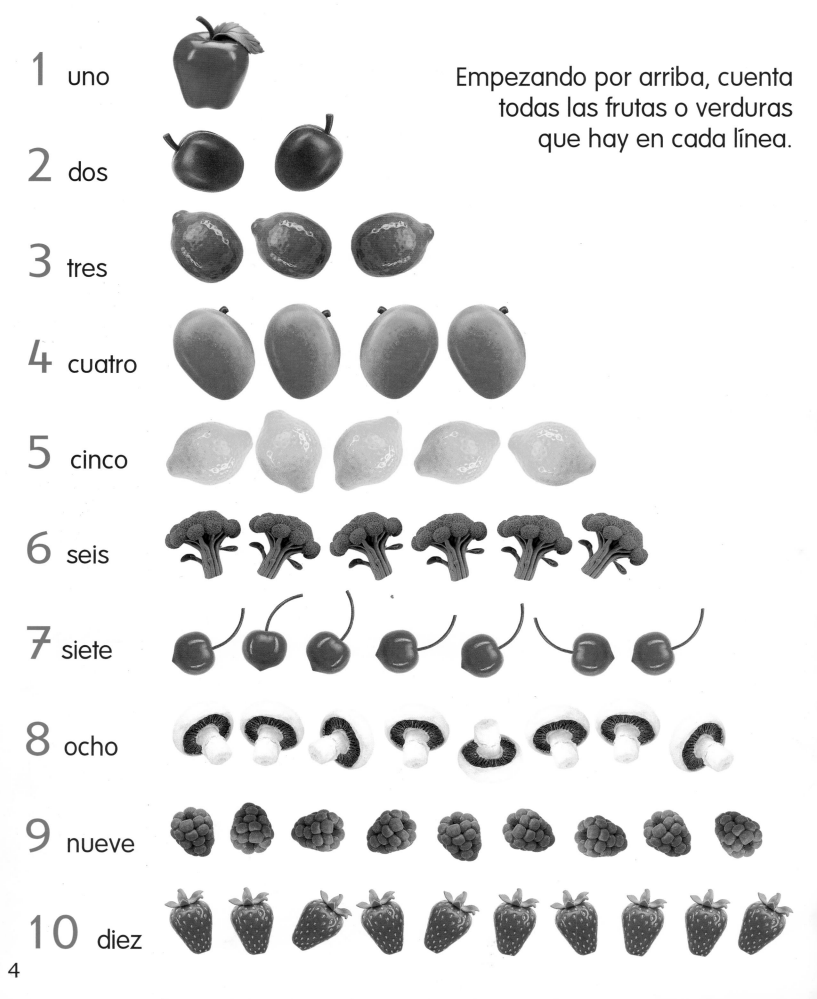

Empezando por arriba, cuenta todas las frutas o verduras que hay en cada línea.

1 uno

2 dos

3 tres

4 cuatro

5 cinco

6 seis

7 siete

8 ocho

9 nueve

10 diez

¡Cuántos animalitos!

¿Puedes encontrar todo esto en la granja?

 4 pavos

 3 ovejas

2 vacas

7 gansos

 1 granjero

 4 patitos

6 patos

8 gallinas

5 pollitos

¿Qué más puedes ver?

5

Contemos hacia atrás

Cuenta los animales que hay en cada línea.

10   diez

9   nueve

8   ocho

7   siete

6   seis

5   cinco

4   cuatro

3   tres

2   dos

1   uno

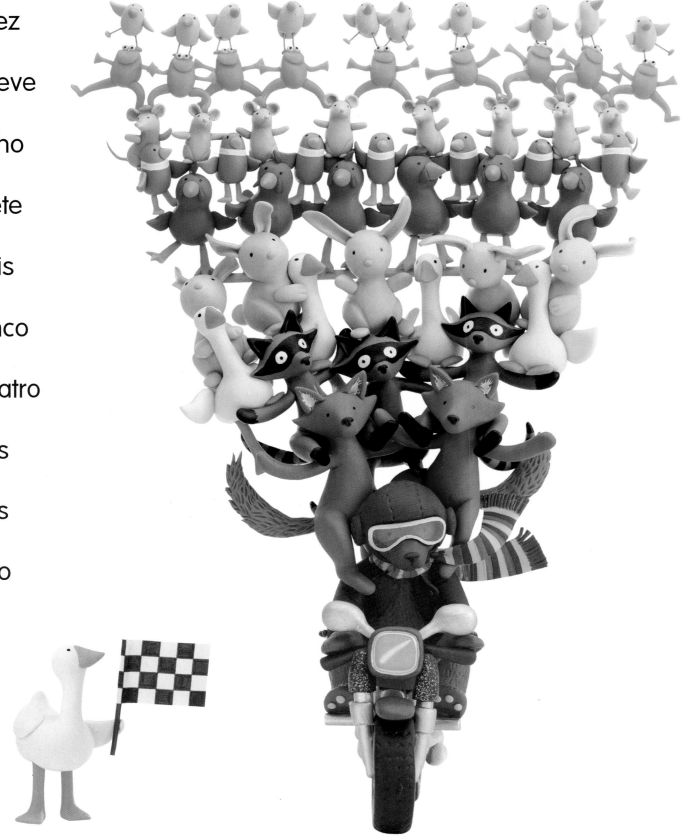

¿Sabes contar hasta 20?

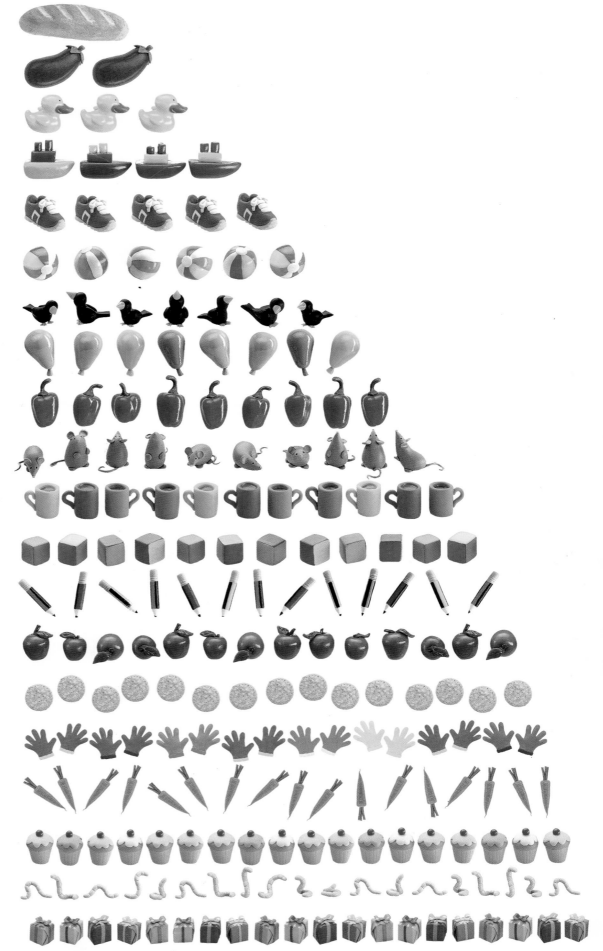

1 uno

2 dos

3 tres

4 cuatro

5 cinco

6 seis

7 siete

8 ocho

9 nueve

10 diez

11 once

12 doce

13 trece

14 catorce

15 quince

16 dieciséis

17 diecisiete

18 dieciocho

19 diecinueve

20 veinte

En la clase

¿Puedes ayudar a estos niños
a ordenar la clase?

Perchas
para 6
abrigos

Libros
azules

Libros
amarillos

Pintura
azul

Pintura
roja

Pintura
amarilla

16
piezas

¿Dónde puede
colgar Jassin
su abrigo?

¿Dónde caben
estos 2 botes
de pintura?

¿Dónde puede ir este cubo?

¿Dónde se guarda esta cera?

¿Cabe otro niño en la casita?

Sólo 2 niños a la vez

Rincón de lectura

Libros verdes

¿Dónde se guarda este libro verde?

¿Hay sitio para Nuria en el rincón de lectura?

Los números en la ciudad

A ver si encuentras todos estos números.

1 2 3 4 5 6 7 8 9 10

CAFETERÍA 99

Frutas y flores 3

4

2 por el precio de 1

9 rosas

7

8

¿Cuál es el número de la mesa en la que están Nuria y su papá?

....Autobús 22: 6 min..

22

101 dálmatas

¡El circo!

20 de julio

¿Cuánto falta para que llegue el próximo autobús?

¿Cuánto falta para que vuelva la peluquera?

APARCAMIENTO

9 plazas libres

¿Cuántas plazas de aparcamiento quedan?

¿A qué hora recogerá el cartero la carta de Luis?

¿Qué número viene ahora?

Jorge   Alí   Andrea   Sergio   Lourdes   Ana   Iván

¿Cuántos años tiene Iván?

0 1 2 3 4 5 6 7 8 9 10 11 12 13 14

¿Sobre qué número va a aterrizar Nuria ahora?

Ester   Naomi   Elena   Arantxa   Ángela

¿Qué talla de camiseta necesita Ester?

8 7 6 5 4 3 2 1 0

¿Dónde crees que va a aterrizar Bepo ahora?

Busca el número que falta

¿Qué número tiene la camiseta manchada de barro?

¿Qué número debe tener la caseta azul?

¿Cuál crees que es el número del pastel premiado?

¿Qué número tenía el globo de Ester?

Números pares e impares

1　2　3　4　5　6　7　8　9　10　11　12　13　14　15

Este conejito azul salta de número impar en número impar.
¿Dónde crees que va a aterrizar ahora?

1　2　3　4　5　6　7　8　9　10　11　12　13　14　15

Este conejito rosa salta de número par en número par.
¿Dónde crees que va a aterrizar ahora?

1　2　3　4　5　6　7　8

¿Quiénes llevan los números impares? ¿Los niños o las niñas?
¿Quiénes llevan los números pares?

1　2　3　4　5　6　7　8

Y ahora, ¿quiénes llevan los números impares?
¿Y quiénes llevan los números pares?

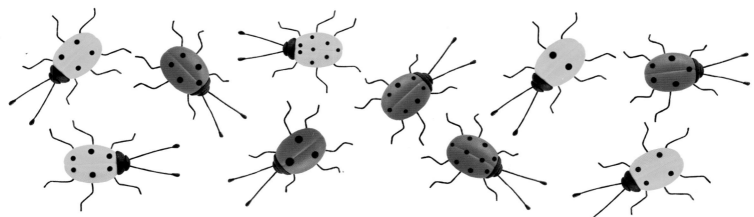

¿Qué mariquitas tienen un número par de puntitos?
¿Qué mariquitas tienen un número impar de puntitos?

Estos ositos van a jugar al fútbol.
Los impares van a jugar contra
los pares, pero se han
mezclado todos.

Señala los ositos que llevan números impares.
Luego señala los ositos que llevan números pares.

¿Más o menos cosas?

Meli

Dina

Curro   Celia

Meli tiene más cachorros que Dina.

¿Quién tiene más cochecitos?

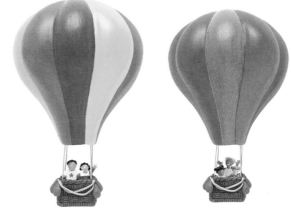

El gato pelirrojo tiene menos cojines donde sentarse.

Señala el globo con menos personas en la cesta.

¿En cuál de estos dos grupos hay más gente?

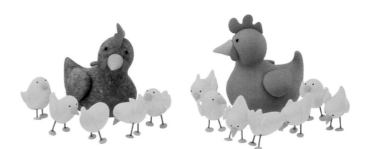

¿Qué pastel tiene más velas?

¿Que gallina tiene menos pollitos?

¿Más o menos cantidad?

Daniel   Bea

Bea tiene más naranjada
que Daniel.

Sergio   Andrea

Sergio tiene menos
helado que Andrea.

Sara   Borja

¿Quién tiene menos pan?
¿Sara o Borja?

Silvia

Celia

¿Quién tiene más arena, Silvia o Celia?

¿Cuál de estos castillos tiene más arena?

El que más y el que menos

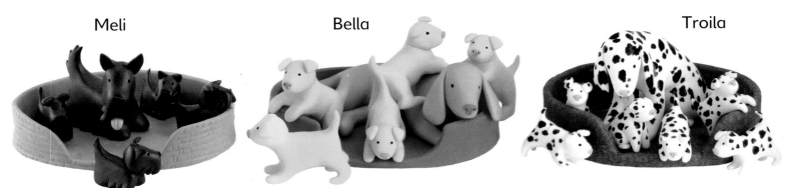

Meli   Bella   Troila

¿Qué perra tiene más cachorros? ¿Meli, Bella o Troila?

¿Qué oruga es la que tiene más rayas?

Carmen   Raúl   Juana   Josu

¿Quién tiene que cuidar a menos niños?

¿Qué pato tiene menos patitos?

¿Qué castillo tiene menos arena?

¿Cuál de estas bañeras tiene menos espuma?

¿Quién ha comprado más comida? ¿Quién ha comprado menos?

Uno más

Mira atentamente esta escena

¿Dónde podrías colgar un cazo más?

¿Dónde se puede colgar una cuchara más?

¿Quién tiene que añadir una cucharada más de masa?

¿A quién crees que le hace falta un cubo más?

¿Quién necesita otra pieza de rompecabezas?

¿A qué juego le falta esta pieza?

 ¿Dónde hay sitio para este otro juego?

 ¿En qué caja cabe esta cera?

¿En qué caja hay sitio para otro bote de pintura?

¿Cuántos más?

El señor Bartolo, el pastelero, ha estado trabajando horas y horas, pero aún no ha terminado...

¿Cuántos monigotes de galleta le faltan para llenar la bandeja?

¿Cuántas cucharadas de masa necesita para llenar la bandeja?

¿Cuántos moldes de pan le faltan por rellenar?

¿Cuántos panes necesita para llenar la caja roja?

¿Cuántas roscas más necesita para llenar las cajas?

¿A cuántos pasteles les falta la guinda?

¿Cuántos niños más necesitan gafas de buceo?

¿Cuántos acróbatas más se necesitan para hacer una pirámide?

Cada mono quiere un plátano. ¿Cuántos más hacen falta?

¿Cuántos coches más caben aquí?

¿Cuántos albañiles más necesitan casco?

La suma

Aquí sólo hay 2 niños jugando.

Luego vienen 2 niños más.

Ahora hay 4 niños jugando.

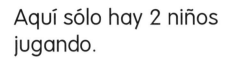

Dos niños más dos niños son cuatro niños.
Con números se escribe así:

$$2 \quad + \quad 2 \quad = \quad 4$$

En la fiesta de Isa hay 2 niñas.

Llegan 3 amigos más.

¿Cuántos niños hay ahora?

$$2 \quad + \quad 3 \quad = \quad ?$$

En esta hoja hay 3 ranas.

Llegan nadando 3 ranas más.

¿Cuántas ranas hay ahora?

$$3 \quad + \quad 3 \quad = \quad ?$$

Intenta hacer estas sumas:

El tren de Marta sólo tiene 1 vagón.

Sergio trae 4 vagones más.

¿Cuántos vagones hay ahora?

1 + 4 = ?

En esta flor hay 2 abejas.

Vienen volando 4 abejas más.

¿Cuántas abejas hay ahora?

2 + 4 = ?

Mariel sólo tiene 2 fresas.

La tía Else le da 5 fresas más.

¿Cuántas tiene ahora?

2 + 5 = ?

¡Más sumas!

Hay 5 gatitos en la cesta.

Maya trae 3 gatitos más.

¿Cuántos gatitos hay ahora?

5 + 3 = ?

Hay 6 girasoles en la carretilla.

Carmen pone 3 macetas más.

¿Cuántos girasoles hay en total?

6 + 3 = ?

Curro lleva utilizados 8 cubos.

Ahora añade 2 cubos más.

¿Cuántos cubos ha usado en total?

8 + 2 = ?

Juguemos a comprar

Estos niños han hecho una pequeña tienda y también dinero de juguete que han llamado "buros".

Los buros son así.

Luis tiene 5 buros y Nuria tiene 10 buros. ¿Pueden comprar el coche si juntan todo el dinero?

Sergio y Borja tienen 2 buros cada uno. ¿Qué pueden comprar si juntan todo el dinero?

Daniel tiene dos monedas de 5 buros. ¿Es suficiente para comprar el robot?

Andrea tiene una moneda de 10 buros y dos monedas de 2 buros. ¿Qué puede comprar?

9 buros

14 buros

10 por 5 buros

6 buros

4 buros

15 buros

¿Cuál es el juguete más barato? ¿Cuál es el más caro?

Si tuvieses dos monedas de 10 buros, ¿qué comprarías tú?

Cosas que suman 10

Tina ha puesto la mesa para 10 amigos, pero se le han olvidado algunas cosas.

¿Cuántos platos
más se necesitan?

8 + ? = 10

¿Cuántos tenedores
más se necesitan?

5 + ? = 10

¿Cuántos vasos
más se necesitan?

4 + ? = 10

¿Cuántas cucharas
más?

1 + ? = 10

¿Cuántos mantelitos
más?

3 + ? = 10

¿Cuántos cuchillos
más?

6 + ? = 10

A la señora Martín le gusta tener en su puesto 10 piezas de cada fruta.

¿Cuántas naranjas más necesita?

¿Cuántas peras más?

¿Cuántos limones más?

¿Cuántos melocotones más?

Aquí hay 10 sillas. ¿Cuántas personas más pueden sentarse?

Los números de cada pareja suman 10. ¿Cuál es el número que no se ve?

Uno menos

Oliverio Tragón tiene 7 manzanas.

Se come una manzana.

Ahora tiene una menos: le quedan 6.

Si tienes siete manzanas y quitas una manzana, te quedan seis manzanas. Con números se escribe así:

$$7 - 1 = 6$$

Dina tiene 3 cachorritos.

Un cachorrito se va a jugar.

¿Cuántos cachorritos quedan en la cesta?

$$3 \qquad - \qquad 1 \qquad = \qquad 2$$

Hay 5 pajaritos comiendo semillas.

Un pajarito echa a volar.

¿Cuántos pajaritos quedan?

$$5 \qquad - \qquad 1 \qquad = \qquad ?$$

Pancho parece estar muy interesado en la comida de la fiesta.

Un poco más tarde llegan los niños. Mira las dos escenas atentamente.
¿Puedes descubrir lo que se ha comido Pancho?

¿Cuántos quedan?

La granja está llena de animales. ¿Eres capaz de verlos todos?

 ¿Ves 1 gato?

 Cuenta 2 vacas.

 Señala 3 cabras.

 Descubre 4 pavos.

 Encuentra 5 ovejas.

 Busca 6 patos.

Descubre 7 gallinas.

 Cuenta 8 pollitos.

32

Algunos animales se han metido en el establo.

El gato se ha ido. ¿Cuántos gatos quedan?

1 − 1 = ?

4 gallinas se han ido. ¿Cuántas quedan?

7 − 4 = ?

1 cabra se ha ido. ¿Cuántas quedan?

3 − 1 = ?

1 vaca se ha ido. ¿Cuántas quedan?

2 − 1 = ?

2 ovejas se han ido.

5 − 2 = ?

2 pavos se han ido.

4 − 2 = ?

3 patos se han ido.

6 − 3 = ?

4 pollitos se han ido.

8 − 4 = ?

La resta

| Bepo hace malabarismos con 5 pelotas. | Se le caen 2 pelotas. | Ahora hace malabarismos con 3 pelotas. |

$$5 \quad - \quad 2 \quad = \quad 3$$

| Hay 3 gatos en el sofá. | 1 gato baja de un salto. | ¿Cuántos gatos quedan? |

$$3 \quad - \quad 1 \quad = \quad ?$$

  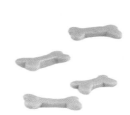

| Tenemos 6 galletas para perro. | Troila se come 2 galletas. | ¿Cuántas galletas quedan? |

$$6 \quad - \quad 2 \quad = \quad ?$$

Hay 4 ositos de peluche en la cama.

Hugo y Sofía se llevan 2.

¿Cuántos ositos quedan?

4   —   2   =   ?

Hay 7 cuervos en el espantapájaros.

4 cuervos se van volando.

¿Cuántos cuervos quedan?

7   —   4   =   ?

Hay 8 pasteles en esta bandeja.

Oliverio Tragón se come 3.

¿Cuántos pasteles quedan?

8   —   3   =   ?

Busca la pareja y clasifica

¡Qué habitación tan desordenada!
¿Sabes tú dónde hay que colocar cada cosa?

¿Dónde se guardan las cintas?

Busca la pareja de este zapato.

Encuentra esta vaca de peluche. ¿Dónde crees que debe guardarse?

Esta gorra está encima de la cama, pero ¿dónde hay que colocarla?

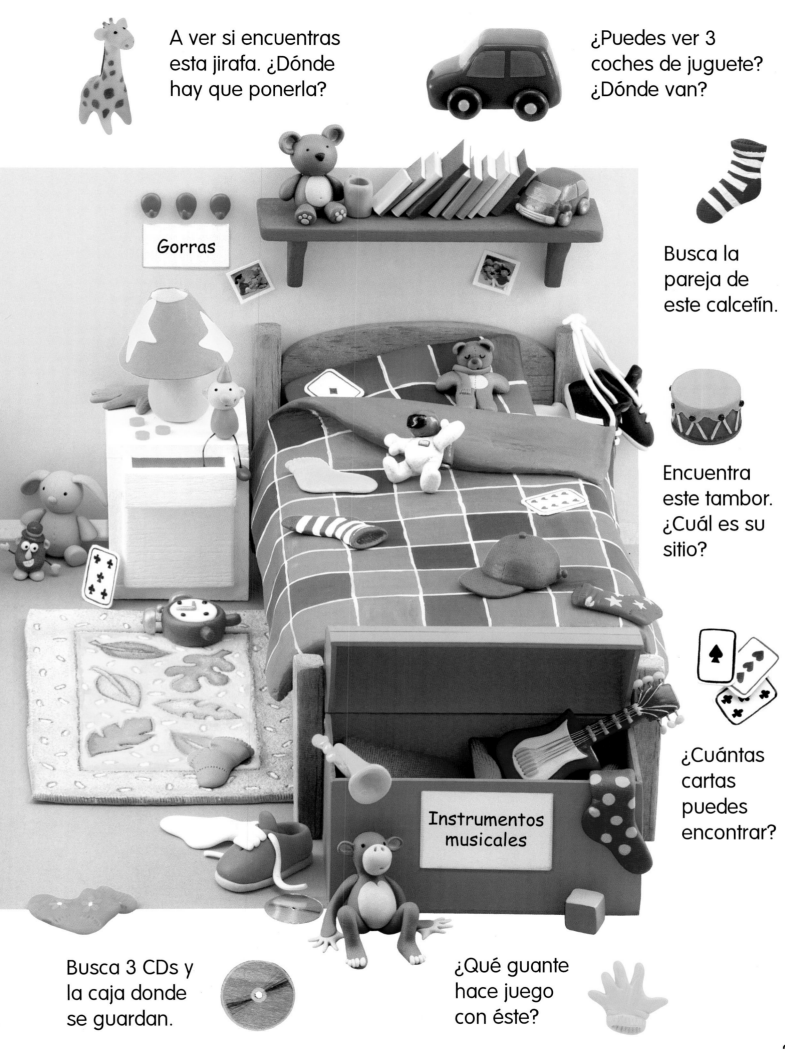

A ver si encuentras esta jirafa. ¿Dónde hay que ponerla?

¿Puedes ver 3 coches de juguete? ¿Dónde van?

Gorras

Busca la pareja de este calcetín.

Encuentra este tambor. ¿Cuál es su sitio?

¿Cuántas cartas puedes encontrar?

Instrumentos musicales

Busca 3 CDs y la caja donde se guardan.

¿Qué guante hace juego con éste?

Vamos a multiplicar por 2

Aquí hay 2 cachorros de tigre.

Cada cachorro tiene 2 orejas.

Los 2 cachorros tienen 4 orejas en total.

También podemos decir "dos multiplicado por dos son cuatro" o "dos por dos son cuatro". Con números se escribe así:

$$2 \times 2 = 4$$

Aquí hay 3 despertadores.

Cada despertador tiene 2 campanas.

¿Cuántas campanas hay en total?

$$3 \times 2 = ?$$

Aquí hay 4 niños.

Cada niño tiene 2 manos.

¿Cuántas manos tienen entre todos?

$$4 \times 2 = ?$$

¿Puedes ayudar a estos niños a terminar sus señores patata?

Andrea tiene 1 señor patata. ¿Cuántos brazos necesita?

1 x 2 = ?

Nuria tiene 2. ¿Cuántas bocas necesita?

2 x 1 = ?

Sergio tiene 3 señores patata. ¿Cuántas orejas necesita?

3 x 2 = ?

Celia tiene 4. ¿Cuántas orejas necesita?

4 x 2 = ?

Curro tiene 6 señores patata. ¿Cuántos ojos necesita?

6 x 2 = ?

Marta tiene 7. ¿Cuántos pies necesita?

7 x 2 = ?

Pies   Bocas   Brazos   Orejas   Ojos

Vamos a multiplicar por 10

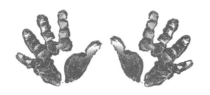

Curro ha estampado 1 par de manos. Un par de manos tiene 10 dedos.

1 x 10 = 10

Curro y Nuria han estampado 2 pares de manos. ¿Cuántos dedos hay en total?

2 x 10 = ?

Curro, Nuria y Borja han estampado 3 pares de manos. ¿Cuántos dedos hay en total?

3 x 10 = ?

Estas huellas las ha dejado un monstruo. Cada una tiene 10 dedos. ¿Cuántos dedos hay en total?

5 x 10 = ?

¿Cuántas ovejas hay aquí? ¿Cuántas patas tienen entre todas?

10 x 4 = ?

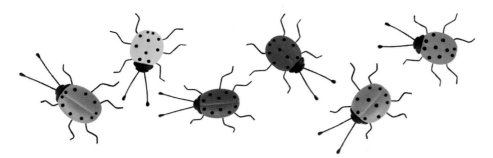

Cada una de estas mariquitas tiene 10 puntitos.
¿Cuántos puntitos tienen entre todas?

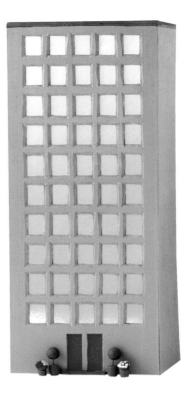

Cada flor tiene 10 pétalos.
¿Cuántos pétalos tienen entre todas?

Este edificio tiene
10 plantas. ¿Cuántas
ventanas hay en total?

Cada una de estas jirafas tiene 10 manchas.
¿Cuántas manchas tienen entre todas?

¿Cuántas narices tienen estos 10 niños entre todos?
¿Cuántos pies? ¿Cuántos dedos de los pies?

41

¡El doble de problemas!

¿Cuántos niños hay aquí?

¿Cuántos niños hay en el tobogán?
¿Cuántos hay en el balancín?

A los niños se les han juntado sus hermanos gemelos. ¿Cuántos niños hay ahora en el tobogán? ¿Cuántos en el balancín?

La mitad de una rosca

Cada ratón tiene media rosca.

Borja se ha bebido la mitad del refresco.

Amina mide la mitad que su padre.

Celia se ha comido la mitad de la pizza. ¿Cuánta le queda todavía?

La mitad de los botones de Pau son rojos y la otra mitad amarillos. ¿Cuántos son rojos?

Carlos y Martín se están repartiendo 8 cerezas. ¿Cuántas le tocan a cada uno?

A la mitad de estas niñas les encanta el fútbol. ¿A cuántas les gusta?

Contemos hasta 100

Aquí tenemos 100 orugas.

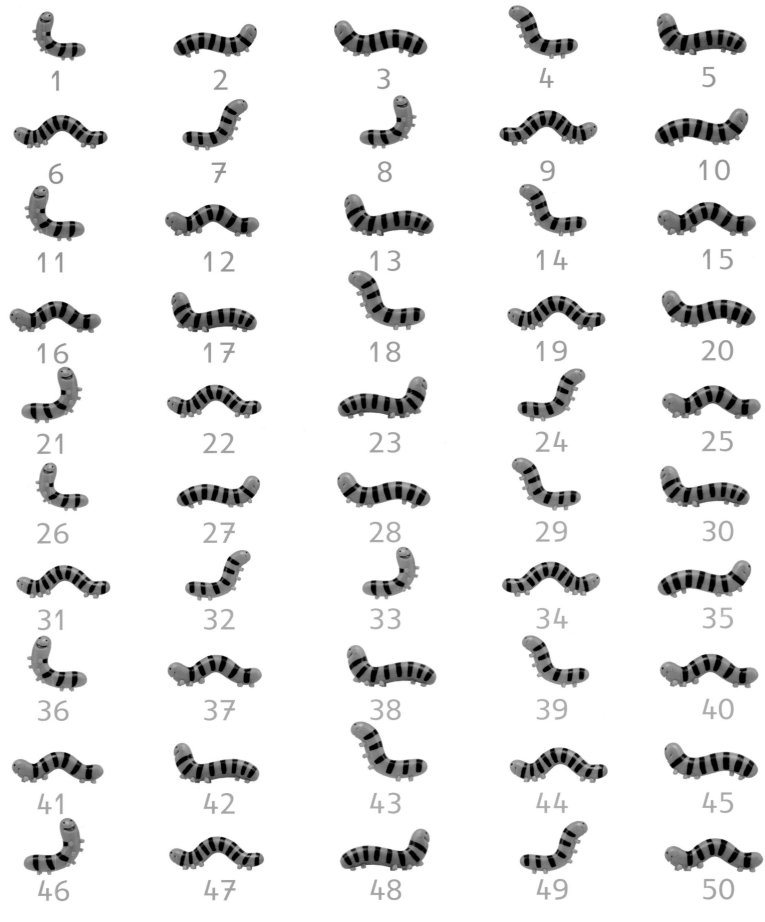

1   2   3   4   5

6   7   8   9   10

11   12   13   14   15

16   17   18   19   20

21   22   23   24   25

26   27   28   29   30

31   32   33   34   35

36   37   38   39   40

41   42   43   44   45

46   47   48   49   50

¿Sabes decir cuántas orugas hay en cada
página sin contarlas una por una?

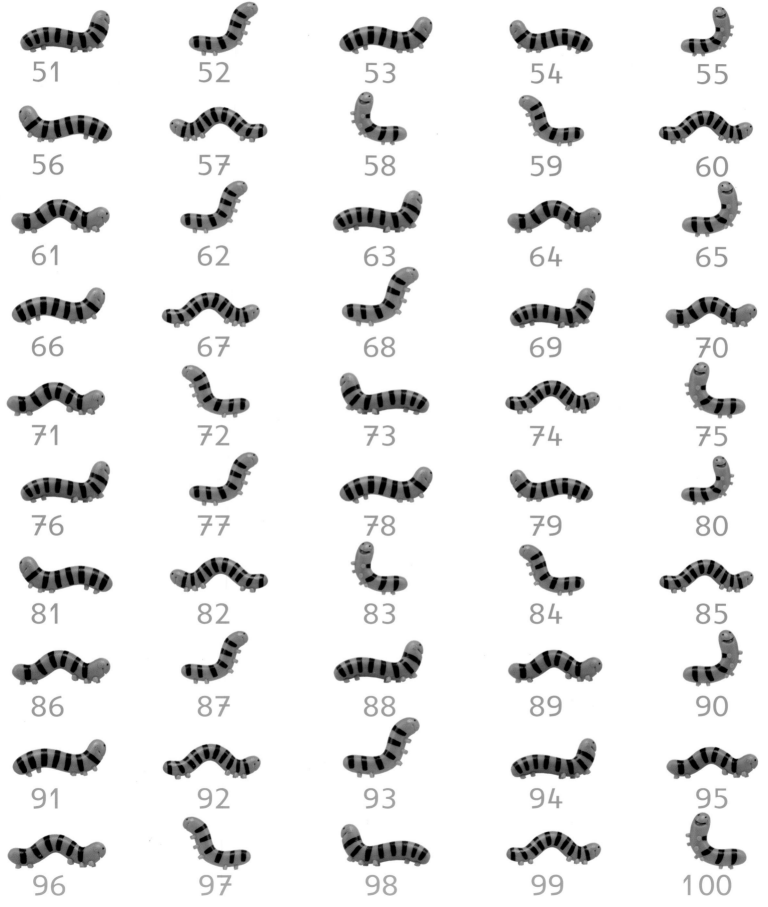

51 52 53 54 55

56 57 58 59 60

61 62 63 64 65

66 67 68 69 70

71 72 73 74 75

76 77 78 79 80

81 82 83 84 85

86 87 88 89 90

91 92 93 94 95

96 97 98 99 100

¿1.000 patos?

¿Cuántos patos hay en cada cuadrado?

¿Hay el mismo número de patos en cada cuadrado?

¿Cuántos patos hay en cada página?
¿Hay realmente 1.000 patos en total?

¿Qué significa...?

buscar la pareja: buscar lo que es igual o lo que hace juego con otra cosa.

clasificar: poner cosas en orden o en grupos.

columna: cosas o números que están colocados uno encima del otro, bien hacia abajo o bien hacia arriba.

contar: decir un número y luego decir el que va después, y así sucesivamente. Por ejemplo, 6, 7, 8, 9, 10...

contar hacia atrás: decir un número y luego decir el que va antes, y así sucesivamente. Por ejemplo, 10, 9, 8, 7...

doble: algo que es dos veces mayor o más grande que otra cosa. Por ejemplo, el doble de 2 es 4.

igual a: significa "es el mismo número que...". Por ejemplo, 2 más 2 es igual a 4. Se escribe con el signo =.

más: significa "añadir". Por ejemplo, 3 más 3 son 6. Se escribe con el signo +. Lo contrario de más es menos.

menos: significa "quitar". Por ejemplo, 4 menos 1 son 3. Se escribe con el signo –. Lo contrario de menos es más.

mitad: una de las dos partes de igual tamaño de una cosa o un número. Por ejemplo, la mitad de 10 es 5. También se escribe ½.

multiplicar: sumar varios grupos del mismo número. Si multiplicas 3 por 2 tienes 6. Se escribe con el signo x.

número impar: es un número que representa un número de cosas que al repartirse entre dos no forman dos grupos iguales. Por ejemplo, si repartes 5 canicas entre dos niños, cada niño tiene dos canicas y sobra una. Los números 3, 7 y 9 también son impares. Lo contrario de número impar es número par.

número par: es un número que representa un número de cosas que al repartirse entre dos forman dos grupos iguales. Por ejemplo, si repartes 4 canicas entre dos niños, cada niño tiene dos canicas y no sobra nada. Los números 2, 6 y 8 también son pares. Lo contrario de número par es número impar.

par: dos cosas o números que van juntos o hacen pareja.

por: es una forma más corta de decir "multiplicado por". Por ejemplo 2 por 3 son 6. Se escribe también con el signo x.

restar: significa quitar. Por ejemplo, si restas 2 de 6 quedan 4. Lo contrario de restar es sumar.

secuencia: series de cosas o números que siguen cierto orden. Por ejemplo, en la secuencia 2, 4, 6, el número que viene después es 8.

signo: dibujo que representa algo. Por ejemplo, = es el signo de "igual a".

sumar: juntar dos o más cosas. Por ejemplo si sumas 3 y 3 tienes 6.

Signos

+ sumar   X multiplicar

– restar   = igual a